BEI GRIN MACHT SICH IHR WISSEN BEZAHLT

- Wir veröffentlichen Ihre Hausarbeit,
  Bachelor- und Masterarbeit

- Ihr eigenes eBook und Buch -
  weltweit in allen wichtigen Shops

- Verdienen Sie an jedem Verkauf

Jetzt bei www.GRIN.com hochladen und kostenlos publizieren

Bibliografische Information der Deutschen Nationalbibliothek:

Die Deutsche Bibliothek verzeichnet diese Publikation in der Deutschen National-
bibliografie; detaillierte bibliografische Daten sind im Internet über http://dnb.d-
nb.de/ abrufbar.

Impressum:

Copyright © 2015 GRIN Verlag, Open Publishing GmbH
Druck und Bindung: Books on Demand GmbH, Norderstedt Germany
ISBN: 9783668277441

Dieses Buch bei GRIN:

http://www.grin.com/de/e-book/337903/trainingsplan-fuer-beweglichkeit-und-
koordination-fuer-eine-26-jaehrige

Sabrin Byaah

Trainingsplan für Beweglichkeit und Koordination für eine 26-jährige Frau

GRIN Verlag

GRIN - Your knowledge has value

Der GRIN Verlag publiziert seit 1998 wissenschaftliche Arbeiten von Studenten, Hochschullehrern und anderen Akademikern als eBook und gedrucktes Buch. Die Verlagswebsite www.grin.com ist die ideale Plattform zur Veröffentlichung von Hausarbeiten, Abschlussarbeiten, wissenschaftlichen Aufsätzen, Dissertationen und Fachbüchern.

Deutsche Hochschule für
Prävention und Gesundheitsmanagement
Hermann Neuberger Sportschule 3
66123 Saarbrücken

Einsendeaufgabe

Fachmodul:	Trainingslehre III
Studiengang:	Sportökonomie
Datum Präsenzphase:	08. – 10.06.2015
Name, Vorname:	Byaah, Sabrin
Studienort:	**Stuttgart**
Semester:	**SS13**

Inhalt

1 PERSONENDATEN...4

1.1 Allgemeine Parameter 4

1.2 Biometrische Parameter 5

1.3 Allgemeiner Gesundheitszustand... 5

1.4 Bewertung der erhobenen Daten 5

2 BEWEGLICHKEITSTESTUNG..6

2.1 Testdurchführung 6

   2.1.1 Testung der Brustmuskulatur (M. pectoralis major)............................ 7

   2.1.2 Testung der Hüftbeugemuskulatur (M.iliopsoas) 8

   2.1.3 Testung der Kniestreckmuskulatur (M. rectus femoris) 9

   2.1.4 Testung der Kniebeugemuskulatur (Mm. ischiocrurales) 10

   2.1.5 Testung der Wadenmuskulatur (Mm. triceps surae)...........................11

3 TRAININGSPLANUNG BEWEGLICHKEITSTRAINING 12

3.1 Belastungsgefüge 12

3.2 Dehnprogramm 13

   3.2.1 Dehnübung Halsmuskulatur..13

   3.2.2 Dehnübung Brustmuskulatur 14

   3.2.3 Dehnübung Unterarmstrecker 15

   3.2.4 Dehnübung Bauchmuskulatur 16

   Muskelbeteiligung   M. rectus abdominis, ...16

   M. obliquus externus abdominis, ...16

   M. obliquus internus abdominis 16

   3.2.5 Dehnübung Bauch- und Brustmuskulatur 17

   3.2.6 Dehnübung Gesäßmuskulatur 17

   3.2.7 Dehnübung Hüftbeuge- und Kniestreckmuskulatur...........................18

   3.2.8 Dehnübung ischiocrurale Muskulatur 20

   3.2.9 Dehnübung Wadenmuskulatur 21

4 TRAININGSPLANUNG KOORDINATIONSTRAINING.............22

4.1 Belastungsgefüge 22

5   LITERATURRECHERCHE 30

5.1   Studie 1: Artikel der Physical Therapy 30

   5.1.1   Versuchsaufbau 31

   5.1.2   Ergebnisse und Schlussfolgerung 31

5.2   Studie 2: Artikel der JOSPT 31

   5.2.1   Versuchsaufbau 31

   5.2.2   Ergebnisse und Schlussfolgerung 32

6   LITERATURVERZEICHNIS 34

7   ABBILDUNGS- UND TABELLENVERZEICHNIS 35

7.1   Abbildungsverzeichnis 35

7.2   Tabellenverzeichnis 35

1 Personendaten

Um gewährleisten zu können, dass die Trainingspläne für Beweglichkeit und Koordination auf die ausgewählte Person abgestimmt werden können, müssen im Vorfeld einige allgemeine und spezifische Parameter erhoben werden.
Zur übersichtlicheren Darstellung werden die Daten tabellarisch präsentiert.

1.1 Allgemeine Parameter

Tabelle 1: Personendaten

Alter	26 Jahre
Geschlecht	weiblich
Körpergröße	167 cm
Körpergewicht	62 kg
Trainingsmotive	- Beweglichkeit verbessern
	- Haltungsverbesserung
	- leichte Rücken-/ Nackenverspannung beheben
	- Kopfschmerzen lindern
berufliche Tätigkeit	sitzende Tätigkeit, Grafikerin
frühere sportliche Aktivitäten	Kraftsport, 2 Jahre lang zweimal die Woche 1,5 Stunden
aktuelle sportliche Aktivitäten	Modern Dance, seit einem halben Jahr zweimal die Woche 1,5 Stunden
zeitlicher Verfügungsrahmen	dreimal pro Woche 1 Stunde

1.2 Biometrische Parameter

Tabelle 2: Biometrische Daten

Blutdruck (mmHg)	115/72; optimal
	Normwerte: <120/<80 (WHO, 1999)
Ruhepuls (S/Min.)	58; optimal
Körperfettanteil	23% (14,6 kg)
	Normwerte: 21 – 33% normal
	(Gallagher et al., Vol. 72, Sept.
2000)	

1.3 Allgemeiner Gesundheitszustand

Tabelle 3: allgemeine gesundheitliche Daten

Orthopädische Probleme	keine
Internistische Probleme	keine
Ärtzliche Behandlungen	keine
Einnahme von Medikamenten	keine
Bewertung	optimaler Gesundheitszustand; Person ist uneingeschränkt trainier- und belastbar

1.4 Bewertung der erhobenen Daten

Der Blutdruck von 115/72 mmHg befindet sich laut der Blutdruckklassifikation der World Health Organisation (1999) im optimalen Bereich. Dies bedeutet, dass der Proband voll belastet werden kann. Ebenfalls trifft dies auf den Körperfettanteil zu. Weiterhin sind keinerlei gesundheitlichen Einschränkungen bekannt, womit die Person uneingeschränkt trainiert werden kann. Die Testperson führte zwar bisher kein gezieltes Koordinations- und Dehntraining durch, dennoch kann ein Beweglichkeitsprogramm für Fortgeschrittene geplant werden, da sie bereits eine

Tanzsportart betreibt, die ebenfalls ein gewisses Maß an Koordination und Beweglichkeit voraussetzt.

2 Beweglichkeitstestung

Genauso wie Ausdauer, Kraft und Schnelligkeit beeinflusst auch Beweglichkeit die sportliche Leistungsfähigkeit. Darum sollte im Vorfeld ein Test mit dem Probanden durchgeführt werden, um eine grobe Voreinschätzung liefern zu können.

Laut Prof. Dr. C. Eifler (Eifler, 2014) dienen Beweglichkeitstestungen der semi-objektiven Einschätzung maximaler Ausmaße verschiedener Gelenkswinkel. Zu den bekanntesten manuellen Beweglichkeitstests gehört das Testverfahren nach Janda (2000b), welches auch im Folgenden angewendet werden soll.

2.1 Testdurchführung

Modifiziert nach JANDA (Janda, 2000) werden nun verschiedene Muskelgruppen auf Beweglichkeitsdefizite getestet. Hierzu gehören Hüftbeuger, Beinstrecker, Beinbeuger, Brustmuskel und Wadenmuskulatur sowie die Wirbelsäule.

Mit den ermittelten Testdaten kann nun ein individuelles Dehnprogramm erstellt werden, um Einschränkungen vorzubeugen bzw. um ihnen entgegenzuwirken. Obwohl, wie oben erwähnt, der Test rein manuell durchgeführt wird und deshalb weitgehend auf subjektiven Einschätzungen basiert, erweisen sich die Testergebnisse bei Einhaltung der Ausführungsrichtlinien als gut reprozierbar. Darunter fallen eine standardisierte Ausgangsposition, eine ausreichende Fixierung des Körpers, eine Unterbindung der Mithilfe anderer Muskelgruppen, die exakte Ausführung der Bewegung sowie ein einheitliches Bewertungsschema.

Die Beurteilungen gliedern sich in drei Stufen, welche in unten stehenden Tabellen erläutert werden. Sowohl die Testausführung, als auch die Beurteilung der einzelnen Stufen richtet sich nach JANDA (Janda, 2000).

2.1.1 Testung der Brustmuskulatur (M. pectoralis major)

Die zu Testperson befindet sich in liegender Position auf einer erhöhten Liegefläche. Dabei sind die Beine zur Beckenfixierung angewinkelt und die Füße stehen stabil auf der Liegefläche auf. Für eine exakte Testdurchführung müssen das Becken und der Lendenwirbelsäulenbereich fixiert bleiben, da eine Hyperlordose das Testergebnis sonst manipuliert. Ebenfalls kann durch eine Kontraktion der Bauchmuskulatur eine Fixierung erreicht werden. Der zu testende Arm führt im Schultergelenk eine Abduktion und Außenrotation, sowie eine 90°-Beugung im Ellenbogengelenk durch. Die Handflächen zeigen nach oben. Der Messbereich bei dieser Übung ist die waagerechte Position des Oberarmes zur Horizontalen (Janda, 2000b, S. 270)

Tabelle 4: 1.Testübung: Beweglichkeit der Brustmuskulatur (M. pectoralis major)

Stufe	Erläuterung	Bewegungsdefizit
Stufe 0	Der Oberarm des Probanden erreicht die Horizontale und kann durch leichten Druck unter die Horizontale gebracht werden.	kein Defizit
Stufe 1	Der Oberarm erreicht die Horizontale nicht. Durch leichten Druck kann dieser in die Horizontale geführt werden.	leichtes Defizit
Stufe 2	Der Oberarm erreicht die Horizontale auch durch leichten Druck nicht.	Defizit

Das Ergebnis der Testperson weist ein leichtes Defizit in der Brustmuskulatur (M. pectoralis major) vor. Ursache hierfür ist die vorwiegend sitzende Arbeitshaltung. Dabei hängen die Schultern leicht nach vorne unten und der Brustmuskel ist ständig verkürzt.

2.1.2 Testung der Hüftbeugemuskulatur (M.iliopsoas)

Die Testperson befindet sich in Rückenlage, wobei das Gesäß am Rand der Liege abschließt und die Beine frei über die Behandlungsliege hängen. Die Testperson zieht ein angewinkeltes Bein in eine endgradige Hüftflexion, wobei der Tester die Testperson unterstützen kann. Das andere Bein hängt über den Rand nach unten und kann nun in maximaler Extension des Hüftgelenkes getestet werden. Zu beachten ist, dass eine Hyperlordose in der LWS und ein Abheben des Beckens vermieden werden, da diese das Testergebnis negativ beeinflussen. Durch das Heranziehen des angewinkelten Beines werden diese jedoch weitestgehend stabilisiert. Zusätzlich kann eine LWS-Fixierung erreicht werden, wenn der Tester eine Hand unter die LWS der Testperson schiebt und diese durch das Anspannen der Bauchmuskulatur einen Druck auf die Hand ausübt (Janda, 2000b, S. 258)

Tabelle 5: 2. Testübung: Beweglichkeit der Hüftbeugemuskulatur (M. iliopsoas)

Stufe	Erläuterung	Bewegungsdefizite
Stufe 0	Oberschenkel erreicht Horizontale. Durch leichten Druck kann der Oberschenkel unter die Horizontale bewegt werden	Keine Defizite
Stufe 1	Leichte Hüftbeugestellung. Durch leichten Druck kann der Oberschenkel bis zur Horizontale bewegt werden.	Leichte Defizite
Stufe 2	Oberschenkel erreicht Horizontale auch durch Druck nicht.	Defizit

Der Test der Hüftbeugemuskulatur (M. iliopsoas) beim Probanden, ergab ein leichtes Beweglichkeitsdefizit. Durch das beruflich bedingte ständige

Sitzen ist die Hüfte mehrere Stunden gebeugt, wodurch die Muskulatur angenähert ist. Es entsteht, wie oben beschrieben, eine muskuläre Dysbalance als Reaktion auf die nicht physiologische Haltung im Alltag (Eifler, 2014, S.94). Das Becken steht nun nicht mehr aufrecht, sondern wird durch die „verkürzte" Hüftbeugemuskulatur nach unten gezogen. Um aber weiterhin in aufrechter Haltung durchs Leben. Diese sogenannte Hyperlordose verursacht die leichten Rückenschmerzen, da der Druck auf die Bandscheiben nicht mehr mittelachsig erfolgt. Auch die beschriebenen Nackenbeschwerden können dadurch bedingt sein. Durch die Rückenschmerzen kommt es zu weiteren Schonhaltungen, die sich wiederum auf die Brust- und Halswirbelsäule auswirken. Um dem entgegenzuwirken, sollte vor Allem die Hüftbeugemuskulatur, sowie die in Verbindung stehenden vorderen Beinmuskeln gedehnt werden. Außerdem sollte die „Gegenmuskulatur", die Gesäßmuskulatur und die hintere Beinmuskulatur, gekräftigt werden. Doch auch die Kräftigung der „verkürzten" Hüftbeugemuskulatur führt nicht, wie oft geglaubt, zu einer verstärkten „Verkürzung". Ein nicht Trainieren der „verkürzten" Partien kann sogar die Dysbalance verstärken (Eifler, 2014, S.95). Mit Verkürzung ist nicht eine Verkürzung des Muskels im Sinne einer Abnahme der Muskellänge durch die Reduzierung der Anzahl der in Serie geschalteten Sarkomere (Wiemann, Klee, & Startmann, 1998) gemeint, sondern eine muskuläre Dysbalance. Diese kann durch arthromuskuläre Störungen, durch einen motorischen Stereotyp oder durch sportartspezifische Adaptation bedingt sein (Eifler 2014, S.94 ff).

2.1.3 Testung der Kniestreckmuskulatur (M. rectus femoris)

Die Testperson befindet sich in derselben Ausgangslage wie bei der Testung der Hüftbeugemuskulatur (siehe 2.1.2 Testung Hüftbeugemuskulatur). Auch hierbei gilt das gleiche wie in der vorherigen Testung bezüglich der Fixierung des Beckens und der LWS. Das überhängende Bein wird im maximal möglichen Hüftextensionswinkel durch den Tester fixiert. Anschließend wird dieses Bein durch den Tester in einen maximalen Kniebeugewinkel geführt, wobei hierbei die Kniestreckmuskulatur getestet wird. Der Messbereich ist der Winkel zwischen Ober- und Unterschenkel (Janda, 2000b, S. 258).

Tabelle 6: 3. Testübung: Beweglichkeit der Kniestreckmuskulatur (M. rectus femoris)

Stufe	Erläuterung	Bewegungsdefizite
Stufe 0	Unterschenkel hängt senkrecht herab. Durch leichten Druck kann die Kniebeugung vergrößert werden.	Kein Defizit
Stufe 1	Unterschenkel ist leicht nach vorne gestreckt. Durch leichten Druck erreicht die Kniebeugung einen 90° Winkel	Leichtes Defizit
Stufe 2	Unterschenkel ist deutlich nach vorne gestreckt. Auch durch Druck wird der 90° Kniebeugewinkel nicht erreicht.	Defizit

Die Testung ergab keine Bewegungsdefizite in der Kniestreckmuskulatur. Beim Sitzen ist das Knie gebeugt, dadurch sind Ansatz und Ursprung nicht, wie bei oben getesteter Muskulatur, ständig angenähert. Zwar erstreckt sich der M. rectus fermoris auch über das Hüftgelenk, doch wird die Beweglichkeit dieses Muskels bei diesem Test über das Kniegelenk getestet (Eifler, 2014, S. 39).

2.1.4 Testung der Kniebeugemuskulatur (Mm. ischiocrurales)

Tabelle 7: 4. Testübung: Beweglichkeit der Kniebeugemuskulatur (Mm. ischiocrurales)

Stufe	Erläuterung	Bewegungsdefizite
Stufe 0	Die Hüftflexion ist im Ausmaß von 90° möglich.	Keine Defizite
Stufe 1	Die Hüftflexion ist innerhalb 80 – 90° möglich.	Leichte Defizite
Stufe 2	Die Hüftflexion liegt unter 80°.	Defizit

Die Testung der ischiocruralen Muskulatur ergab leichte Defizite in der Beweglichkeit. Auch diese sind bedingt durch die sitzende Tätigkeit und Auswirkung eines motorischen Stereotyps (Eifler, 2014, S.94). Bei dieser Muskulatur ist allerdings nicht die Beugung der Hüfte die Ursache, sondern die ständige Beugung des Kniegelenks, wodurch die ischiocrurale Muskulatur dauernd angenähert ist. Auch die „Verkürzung" dieser Muskulatur kann zu Rückenproblemen führen, da hierdurch das Iliosakralgelenk verklemmen kann.

2.1.5 Testung der Wadenmuskulatur (Mm. triceps surae)

Tabelle 8: 5. Testübung: Beweglichkeit der Wadenmuskulatur (Mm. triceps surae)

Stufe	Erläuterung	Bewegungsdefizite
Stufe 0	Eine Dorsalextension ist bis zur 0°-Stellung möglich.	Kein Defizit
Stufe 1	Eine Dorsalextension ist zwar möglich, aber nur unter der 0°-Stellung.	Leichtes Defizit
Stufe 2	Eine Dorsalextension ist nur bis 10° unterhalb der 0°-Stellung möglich.	Defizit

Bei der Testung der Wadenmuskulatur wurden ebenfalls leichte Beweglichkeitsdefizite festgestellt. Der M. gastrocnemius ist auf Grund seines Ursprungs am Gelenkknochen des Oberschenkels bei einer langanhaltenden Beugung im Kniegelenk beim Sitzen verkürzt. Durch ein ständiges Anheben der Fersen (typische Sitzhaltung) ist auch der M. soleus in verkürzter Form.

3 Trainingsplanung Beweglichkeitstraining

3.1 Belastungsgefüge

Auf Grund von ungenügend wissenschaftlich fundierten Studienergebnissen, können die Daten zum Belastungsgefüge nur anhand sondierter aktueller Studienresultate aufgezeigt werden (Schönthaler & Ohlendorf, 2002).

Tabelle 9: Belastungsgefüge Dehnprogramm

Belastungsart	Belastungsgefüge
Dehndauer, statisches Dehnen	45 Sekunden (Eifler, 2014)
Dehndauer, dynamisches Dehnen	10 Wiederholungen (Glück, 2005)
Dehnintensität	maximal (Marschall, 1999)
Serienanzahl	4 Serien (Eifler, 2014)
Trainingshäufigkeit	3 Trainingseinheiten / Woche

Auf Wunsch des Testers wird das Dehntraining als gesonderte Einheit in den bisherigen sportlichen Alltag aufgenommen, da keine Mitgliedschaft in einem Sportstudio besteht und das Training von zu Hause aus absolviert wird.

Beim statischen Dehnen wurde eine Haltedauer von 45 Sekunden geplant. Mehrere Studien haben bewiesen, dass diese Dehndauer einen großen Dehneffekt hat. Längeres Halten führt zu keinem signifikanten Mehreffekt (Eifler, 2004, S. 59).

Da es zur optimalen Dehndauer beim dynamischen Dehnen ungenügend wissenschaftliche Studien gibt, kann man sich hier an Glück (2005) orientieren, welche 10 Wiederholungen empfiehlt.

Eine Einzelfallstudie von Marshall (1999) erbrachte den Fund, dass sowohl beim „weichen" als auch beim „maximalen" Dehnen kurzfristige Erfolge erkennbar waren. Allerdings gab es deutlich höhere Ergebnisse bei der „maximalen" Dehnmethode.

Zum optimalen Belastungsumfang sind kaum tragfähige Befunde vorhanden (Thienes, 12 November 2008). Ein Experiment ergab, dass eine Abnahme der Dehnungsspannung von 75% in den ersten vier von zehn Serien erzielt wurde (Schönthaler & Ohlendof, 2002, S.25). Auch der zeitliche Verfügungsrahmen beschränkt die Serienanzahl.

Das Dehntraining soll mindesten dreimal pro Woche, an den Tagen an denen kein Tanztraining stattfindet, erfolgen.

3.2 Dehnprogramm

Im Anschluss wird nun das individuelle Dehnprogramm vorgestellt, welches sich nach den oben genannten Belastungsgefügen richtet.

3.2.1 Dehnübung Halsmuskulatur

Tabelle 10: Dehnübung Halsmuskulatur

Muskelbeteiligung	M. trapezius pars descendens, M. levator scapulae
Dehnmethode	aktiv – statisch
Übungsbeschreibung	Es wird ein stabiler Stand eingenommen. Die Beine sind etwa Hüftbreit und die Knie leicht angewinkelt. Der Rücken ist gerade und der Kopf in Verlängerung der Wirbelsäule. Nun wird der Kopf zur Seite geneigt, wobei der Blick immer nach vorn gerichtet bleibt. Anschließend wird die gegenüberliegende Schulter (auf der Seiter, auf welcher der Kopf nicht ist) aktiv nach unten gezogen.
Begründung	Nackenverspannung war mit unter ein Problem der Testperson, welche von der sitzenden Tätigkeit verursacht werden. Die Kopfschmerzen wiederrum leiten sich von den Nackenverspan-

nungen ab. Typisch für Kopfschmerzprobleme, aufgrund von Verspannungen der Nackenmuskulatur, sind ein drückender bis ziehender Schmerz; eine leichte bis mittlere Schmerzintensität, die zwar als störend empfunden wird, dennoch die körperliche Aktivität nicht einschränken. Die Kopfschmerzursache wird vermutlich durch eine Übersensiblisierung der schmerzleitenden Nerven verursacht, wodurch zum einen die Schmerzschwelle und zum anderen die Schmerztoleranz sinkt (Sommer, 2015). Um den verspannten Nacken und somit auch den Kopfschmerzen entgegen zu wirken, ist es sinnvoll regelmäßig den Nacken zu dehnen (Apothekenumschau, 2009). Die Übung wird als statische Übung geplant, da dies praktikabler ist. Außerdem kann ein zu starkes Dehnen auch kontraproduktiv sein.

3.2.2 Dehnübung Brustmuskulatur

Tabelle 11: Dehnübung Brustmuskulatur

Muskelbeteiligung	M. pectoralis major, M. deltoideus pars clavicularis
Dehnmethode	postisometrisch – passiv
Übungsbeschreibung	Zur Übungsausführung stellt sich der Trainierende vor ein gerades stabiles Objekt, wie beispielsweise eine Wand. Die Körperhaltung ist aufrecht und die Fußstellung ist schulterbreit. Die Position des Körpers ist seitlich zur Wand, wobei der zum Objekt gewandte Arm am Objekt anliegt. Nun versetzt man den Fuß der selbigen Seite einen Schritt nach vorne, dabei bleibt der

Arm an Ausgangsposition fixiert und auf eine Waagerechte nach hinten angehoben. Zu beachten ist das beim Anheben der Arm im 90° Winkel gebeugt wird. Die Dehnung wird als postisometrische Dehnung durchgeführt. Hier findet ein Wechsel zwischen Kontraktion und Dehnung statt.

Begründung

Um die Bewegungsamplitude der Brustmuskulatur zu fördern wird hierfür eine Dehnübung eingebaut, da die Probandin im Alltag mehr als acht Stunden am Tag sitzt und die Muskulatur auf Grund dessen verkürzt. Für den Übungsablauf wurde eine postisometrische statische Dehnübung gewählt. Diese Methode ist hier gut anwendbar, da die Kraft der antagonistisch wirkenden Muskeln nicht ausreicht um den betreffenden Muskel effektiv zu dehnen.

3.2.3 Dehnübung Unterarmstrecker

Tabelle 12: Dehnübung Unterarmstrecker

Muskelbeteiligung	M. extensor carpi ulnaris, Mm. Extensores carpi radialis longus et brevis
Dehnmethode	passiv-statisch
Übungsbeschreibung	Die Beine sind hüftbreit in einem stabilen Stand aufgestellt und der Kopf in Verlängerung zur Wirbelsäule. Anschließend wird ein Arm nach schräg vorne unten gestreckt, wobei die Handflächen nach oben zeigen. Nun beugt man das Handgelenk, um die Dehnung durchzuführen und verstärkt diese Position mit der freien Hand indem man die Finger leicht nach oben drückt. Position wird kurz gehalten.

Begründung	Ständiges sitzend am Computer und dazu das bedienen einer Computermaus führen häufig zu Handgelenks und Unterarmschmerzen. Auch bei der Probandin treten hin und wieder genannte Schmerzen auf. Daher soll durch eine Dehnübung für den Unterarmstrecker diesen Schmerzen entgegengewirkt werden.

3.2.4 Dehnübung Bauchmuskulatur

Tabelle 13: Dehnübung Bauchmuskulatur

Muskelbeteiligung	M. rectus abdominis, M. obliquus externus abdominis, M. obliquus internus abdominis
Dehnmethode	aktiv-dynamisch
Übungsbeschreibung	Während man auf dem Bauch liegt ist der Blick auf den Boden gerichtet und die Hände werden neben der Hüfte aufgestellt. Nun wölbt man den Rücken langsam und spannt dabei das Gesäß an. Der Rücken wird weiter gewölbt bis der Kopf und die Brust nicht mehr den Boden berühren. Diese Position wird im Wechsel eingenommen und wieder verlassen, da hier eine dynamische Dehnung vollzogen werden soll.
Begründung	Ebenso wie die Schultern sind auch die Bauchmuskulatur beim sitzen angenähert, also „verkürzt". Um dieser Haltung entgegen zu wirken werden die Bauchmuskeln nun gedehnt. Gleichzeitig mobilisiert man die Wirbelsäule, bei welcher, durch das ständige sitzen, eine Hyperkyphose in der Brustwirbelsäule entstanden ist.

3.2.5 Dehnübung Bauch- und Brustmuskulatur

Tabelle 14: Dehnübung Bauch- und Brustmuskulatur

Muskelbeteiligung	M. pectoralis major, M. obliquus abdominis, M. obliquus internus abdominis
Dehnmethode	passiv-statisch
Übungsbeschreibung	Die Testperson nimmt eine Seitlage ein und streckt das untere Bein, das oberer Bein wird im Kniegelenk und im Hüftgelenk so gebeugt, dass der Oberschenkel im 90° Winkel zum Oberkörper liegt. Der untere Arm hält nun das Knie fest und drückt es leicht nach unten. Der obere Arm wird zu der Seite gestreckt, auf welcher das Knie liegt. Der Arm befindet sich dabei in der Horizontalen zur Schulter. Um die Dehnposition zu erreichen, wird der obere Arm im Halbkreis zur anderen Seite bewegt. Der Kopf folgt der Bewegung des Armes.
Begründung	Diese Übung erfüllt sowohl die Funktion den verkürzten Brustmuskel und die schrägen Bauchmuskel zu dehnen, als auch die Brustwirbelsäule zu mobilisieren.

3.2.6 Dehnübung Gesäßmuskulatur

Tabelle 15: Dehnübung Gesäßmuskulatur

Muskelbeteiligung	M- glutaeus maximus, M. glutaeus minimus, M. glutaeus medius, M. piriformis
Dehnmethode	passiv-statisch
Übungsbeschreibung	Ausgehend von der Rückenlage wird das nicht zu dehnende Bein angewinkelt und aufgestellt. Das andere Bein wird mit dem Knöchel auf dem Oberschenkel des angewinkelten Beines abge-

legt. Das nicht zu dehnende Bei wird nun mit den Händen unterhalb des Knies festgehalten, während dann beide Beine durch die Hände maximal zur Brust gezogen werden.

Begründung   Die Gesäßmuskulatur bildet eine Muskelschlinge mit der ischiocruralen Muskulatur. Auch wenn diese im Vorfeld nicht explizit getestet wurde, kann man davon ausgehen, dass auch diese eine Verkürzung einnimmt.

3.2.7 Dehnübung Hüftbeuge- und Kniestreckmuskulatur

Auf Grund der starken Belastung dieser Muskulatur, werden hier zwei Übungen geplant.

Tabelle 16: Dehnübung Hüftbeuge- und Kniestreckmuskulatur 1

Muskelbeteiligung	M. iliopsoas, M. quadriceps femoris, M. tensor fasciae latae, M. sartoris
Dehnmethode	aktiv-statisch
Übungsbeschreibung	Auf der Seite liegend, wird das zu dehnende obere Bein im Kniegelenk gebeugt und mit den Händen am Sprunggelenk gefasst. Das unten liegende Bein bleibt in gestreckter Position. Hiervon ausgehend zieht man nun das obere Bein weitestgehend in Richtung Gesäß und gleichzeitig schiebt man die Hüfte nach vorne.
Begründung	Selbige Übung ist auch im Kniestand möglich, erfordert allerdings eine gute Stabilität im Stand. Durch die Hüftstreckung werden folgende Muskeln gedehnt: M. iliopsoas, M. rectus femoris, M. tensor fasciae latae und der M. sartoris. Durch die Beugung des Kniegelenks werden zusätzlich die anderen Anteile des M. quadriceps

femoris gedehnt. Der M. quadriceps femoris wies zwar keine Bewegungseinschränkungen auf, trotzdem wird dieser gedehnt, um die Beweglichkeit dieser Muskulatur zu erhalten. Hauptziel dieser Dehnung ist die Verbesserung der Beweglichkeit des M. iliopsoas, da die „Verkürzung" dieser Muskulatur hauptsächlich für die Rückenbeschwerden der Probandin verantwortlich ist.

Tabelle 17: Dehnübung Hüftbeuge- und Kniestreckmuskulatur 2

Muskelbeteiligung	M. iliopsoas, M. tensor fasciae latae, M. sartoris, M. quadriceps femoris
Dehnmethode	passiv-postisometrisch
Übungsbeschreibung	Auf einer Behandlungsliege wird eine Rückenlage eingenommen. Das Gesäß schließt dabei mit dem Rand der Liege ab. Der Partner steht vor der Liege. Das nicht zu dehnende Bein wird nun angewinkelt und auf bzw. an (je nach Beweglichkeit) die Schulter des Partners gelegt. Das zu dehnende Bein bleibt im Überhang. Das Bein, welches auf der Schulter platziert ist, wird nun maximal vom Partner zum Körper gedrückt (Partner drückt mit seinem Rumpf dagegen), dass eine maximale Hüftflexion erreicht wird. Das zu dehnende Bein wird nun mit der Hand am Oberschenkel nach unten gedrückt, bis eine deutliche Dehnung im Hüftbeuger zu spüren ist. Um die weiteren Anteile des M. quadriceps femoris auch, kann nun der Unterschenkel durch den Partner nach hinten gedrückt werden (Flexion des Kniegelenks), bis auch eine Dehnung in der Kniestreckmuskulatur spürbar ist. Um eine postisometrische Dehnung zu erreichen wird zu-

erst eine leichte Dehnposition eingenommen. Dann wird die Muskulatur isometrisch kontrahiert (ca. 6-10 Sek.), d.h. Partner drückt den Oberschenkel und den Unterschenkel nach unten bzw. nach hinten. Die Person, „die gedehnt wird", drückt dabei mit Kraft dagegen. Nun wird die Muskulatur entspannt (ca. 2-3 Sek.). Anschließend wird die oben erklärte Dehnposition eingenommen, so dass ein deutlicher Dehnreiz spürbar ist. Dies wird 10-20 Sek. Lang gehalten (Hohmann, Lames & Letzelter, 2002, S.100; Sölveborn, 1983, S. 13).

Begründung   Vor Allem in der Therapie etablierte sich diese Dehnmethode. Zur Abwechslung im Trainingsplan ist hier eine Partnerübung eingebaut worden. Durch die Beweglichkeit des Hüftbeugers sollen hier die Rückenschmerzen gelindert werden.

3.2.8 Dehnübung ischiocrurale Muskulatur

Tabelle 18: Dehnübung ischiocrurale Muskulatur

Muskelbeteiligung	M. semitendinosus, M. semimembranosus, M. biceps femoris, M. gastrocnemius, M. glutaeus maximus
Dehnmethode	passiv-statisch
Übungsbeschreibung	Es wird eine Rückenlage in einer Türöffnung eingenommen. Nun wird das zu dehnende Bein angehoben und an den Türrahmen gelehnt. Der Abstand von Hüfte zu Türrahmen wird so gewählt, dass das Knie des zu dehnenden Beines gestreckt und das nicht zu dehnende Bein flach auf dem Boden bleibt. Die Hände werden neben dem Gesäß flach auf dem Boden abgelegt. Das

Gesäß wird nun so weit in die Türöffnung gezogen, bis eine Dehnung zu spüren ist.

Auch die ischiocrurale Muskulatur wies leichte Beweglichkeitsdefizite auf. Deren „Verkürzung" kann zu Rückenbeschwerden führen. Die Übung wurde in liegender Position gewählt, da dadurch keine Anforderung an die Stabilität besteht. Somit kann die volle Aufmerksamkeit der Dehnung gelten. Im Liegen sind auch die Ausweichmöglichkeiten im Becken geringer. Durch die liegende Position bleibt es fixiert. Da die ischiocrurale Muskulatur über das Hüftgelenk und das Kniegelenk verläuft, wird das Knie in der Streckung fixiert. Die Dehnung wird durch Beugung der Hüfte eingenommen, in dem das Gesäß immer weiter nach vorne gezogen wird.

3.2.9 Dehnübung Wadenmuskulatur

Tabelle 19: Dehnübung Wadenmuskulatur

Muskelbeteiligung	M. gastrocnemius, M.soleus
Dehnmethode	passiv-dynamisch
Übungsbeschreibung	Für die Dehnung wird eine Treppenstufe oder ähnliches benötigt. Es wird sich darauf aufrecht hingestellt, dabei ragen die Fersen über den Rand hinaus. Die Knie bleiben gerade. Für eine bessere Stabilität wird empfohlen sich festzuhalten. Nun werden beide Fersen so weit wie möglich nach unten gedrückt. Alternativ kann auch die Fersen abwechselnd nach unten gedrückt werden.
Begründung	Auch die Wadenmuskulatur ist durch das ständige Sitzen „verkürzt". Deshalb wird auch diese

gedehnt. Es wurde diese Übung gewählt, da diese leicht durchzuführen ist. Außerdem bestehen
kaum Ausweichmöglichkeiten.

4 Trainingsplanung Koordinationstraining

4.1 Belastungsgefüge

Tabelle 20: Belastungsgefüge Koordinationsprogramm

Belastungsart	Belastungsgefüge
Belastungsintensität	intensiv
Wiederholungszahl	20 WDH; 45 Sekunden
Serienzahl	2 Sätze
Satzpausen	60 Sekunden
Trainingshäufigkeit	dreimal pro Woche

Im Anschluss an das Dehntraining findet eine kurze Pause zur Muskeler-
holung statt. Nach einem kurzen Aufwärmprogramm, welches die anato-
mischen Strukturen gut durchblutet und somit auf die kommende Belastung vorbereitet, findet das Koordinationstraining statt.

Es wird eine intensive Belastungsintensität gewählt, da die Testperson
bereits Trainingserfahrung besitzt. Nach Kunert (2014, S.26) sollte die
objektive Belastung bei 75% bei Fitness- und Gesundheitssportler liegen.
Die Belastungsintensität sollte so gewählt werden, dass der Trainierende
weder unter- noch überfordert ist. Beides könnte zu sinkender Motivation
und schließlich zum Abbruch eines Koordinationstrainings führen
(Kunert, 2014). Es wird eine Wiederholungszahl von 20 Wiederholungen
empfohlen, dies entspricht einer Dauer von ca. 45 Sekunden und somit
einem Kraftausdauertraining. Es werden 2 Sätze empfohlen. Um einen
Trainingseffekt erreichen zu können ist es wichtig, dass eine kontinuier-
liche Belastung besteht. Da die Probandin schon über ein hohes Trai-

ningspensum verfügt, sind höchsten 3 Mal pro Woche, nach Aussage der Probandin, möglich. Um eine ausreichende Erholung zu gewährleiten wird zwischen den einzelnen Wiederholungen eine Pause von 60 Sekunden geplant (Kunert, 2014, S.25).

4.2 Koordinationsübungen

Das folgende Koordinationsprogramm für die Probandin wird nach obenstehenden Belastungsgefügen absolviert.

4.2.1 Einbeinstand

Die Füße werden hüftbreit aufgestellt und die Knie leicht gebeugt. Die Wirbelsäule befindet sich in einer natürlichen S-Form. Der Kopf ist in Verlängerung der Wirbelsäule. Der Rumpf ist stabil. Nun wird ein Bein angewinkelt angehoben. Das Knie befindet sich hüfthoch. Nun werden die Arme horizontal auf Schulterhöhe ausgestreckt. Diese Position wird nun gehalten. Und anschließend mit dem anderen Bein durchgeführt (Rühl & Laubach, 2011, S.65)

Hier wird vor allem die Gleichgewichtsfähigkeit gefordert (Kunert, 2014, S.20)

4.2.2 Einbeinstand mit geschlossenen Augen

Direkt im Anschluss an den Einbeinstand mit offenen Augen, wird nun dieselbe Übung mit geschlossenen Augen durchgeführt. Hier wird neben der Gleichgewichtsfähigkeit die Anpassungs- und Umstellungsfähigkeit gefordert da sich der Trainierende an die neuen Situation (geschlossene Augen) anpassen muss (Kunert, 2014, S.20).

4.2.3 Einbeinstand mit zuwerfen eines Balles

Die Ausgangsposition ist dieselbe wie in oben beschriebenen Übungen. Die Augen sind hier geöffnet. Ein Partner steht dem Trainierenden mit

Abstand gegenüber und wirft ihm einen Ball zu. Dadurch wird erneut die Gleichgewichtsfähig trainiert. Auch die An-passungs- und Umstellungs-fähigkeit spielt eine Rolle, da zum einen wieder eine neue Situation gegeben ist und zum anderen hat der Partner die Wahl, verschieden große Bälle zuzuwerfen. Der Trainierende muss sich daher auf jeden einzelnen neuen Ball neu einstellen. Diese Tatsache fordert die Steuerungsfähigkeit. Zusätzlich spielt aber auch die Reaktionsfähigkeit eine Rolle, da der Trainierende auf den Wurf des Partners schnellstmöglich reagieren muss (Kunert, 2014, S.20). Der Trainierende steht außerdem noch unter verschiedenen Druckbedingungen: Das Gleichgewicht muss gehalten werden dabei wird der Ball gefangen und zurückgeworfen. Das bedeutet, dass der Trainierende mehrere Anforderungen gleichzeitig bewältigen muss. Er steht daher unter Organisationsdruck. Außerdem muss der Ball genau an den Partner zurückgeworfen werden, dadurch entsteht ein Präzisionsdruck (Neumaier & Mechling, 1994).

4.2.4 Unterarmstürz auf dem Boden mit Arm- und Beinwechsel

Es wird eine Unterarmstützposition eingenommen. Dabei sind die Unterarme auf dem Boden und die Ellenbogen auf Höhe des Schultergelenks. Die Knie sind abgehoben und gestreckt. Die Füße sind mit dem Ballen aufgestellt. Der Kopf ist in Verlängerung der Wirbelsäule. Es wird eine Grundspannung im Gesäß und im Rumpf aufgebaut. Nun werden im Wechsel jeweils das diagonal liegende Bein und der Arm vom Boden abgehoben. Dabei bleibt das Becken gerade. Es wird vor allem die Gleichgewichtsfähigkeit trainiert. Aber auch die Kombinations- und Kopplungsfähigkeit spielt eine Rolle, da die Arm und Beinbewegung kombiniert werden muss (Kunert, 2014, S.20). Der Trainieren-de muss zusätzlich gleichzeitig mehrere Anforderungen erfüllen, daher wirkt auf ihn ein Organisationsdruck (Neumaier & Mechling, 1994).

4.2.5 Unterarmstütz auf dem Luftkissen

Die Ausgangsstellung ist dieselbe wie in der vorherigen Übung. Die Unterarme werden nicht auf dem Boden abgelegt, sondern auf dem Luftkissen. Nun werden die Beine ab-wechselnd angehoben. Um die Übung noch komplexer zu gestalten, können zusätzlich die diagonalen Arme mit angehoben werden (Kunert, 2014, S.113). Diese Übung stellt die gleichen Anforderungen an Fähigkeiten wie oben schon genannte. Hinzu kommt die Umstellungs- und Anpassungsfähigkeit, da der Trainierende sich an die neue Unterlage-fläche anpassen muss.

4.2.6 Training mit dem Fitball in der Rückenlage auf dem Boden

Es wird eine Rückenlage auf dem Boden eingenommen. Die Füße liegen auf dem Ball. Die Arme werden seitlich neben dem Körper platziert. Der Blick ist auf die Decke gerichtet. Nun wird der Po angehoben, bis die Beine und der Oberköper eine Linie bilden. Nun wird ein Bein angehoben und angewinkelt in Richtung Oberkörper gezogen. Diese Bewegung wird abwechselnd mit dem linken und dem rechten Bein ausgeführt (Kunert, 2014, S.70). Diese Übung stellt wieder eine Anforderung an die Gleichgewichtsfähigkeit. Durch den Wechsel von Rechten und linken Bein wird auch die Anpassungs- und Umstellungsfähigkeit geschult (Kunert, 2014, S.20). Es müssen wieder mehrere Anforderungen gleichzeitig bewältigt werden, was zu einem Organisationsdruck (Neumaier & Mechling, 1994).

4.2.7 Treppensprung

Es wird eine Schrittstellung mit einem Bein auf dem Jumper® eingenommen. Mit Kraft aus dem vorderen Bein erfolgt ein Absprung nach oben. Die Arme werden dabei nach oben gestreckt und der Oberkörper wird aufgerichtet. Es wird in der Ausgangsstellung gelandet. Anschließend wird dies 15 Mal (wenn möglich) wiederholt (Rühl & Laubach, 2011, S.161). Da die Unterstützungsfläche etwas wackelig ist, ist die Gleichgewichtfähigkeit gefordert. Der Körper muss nach dem Absprung wieder in der richtigen Position landen. Daher wird hier die Orientierungsfähigkeit trainiert. Es wird auch eine Anforderung an die Kombinations- und Kopplungsfähigkeit gestellt. Es muss ein kräftiger Absprung mit Aufrichtung des Oberkörpers und die Streckung der Arme kombiniert wer-den (Kunert, 2014, S.20). Da dies eine Aufgabenstellung mit vieler hintereinander geschalteter Anforderungen darstellt, wird der Trainierende unter Komplexitätsdruck gesetzt. Doch auch der Organisationsdruck, der Belastungsdruck und der Präzisionsdruck „finden hier ihren Einsatz". Der Organisationsdruck, da mehrere Anforderungen gleichzeitig bewältigt werden müssen; der Belastungsdruck da das Abspringen eine physisch- konditionellen Belastung darstellt; und er Präzisionsdruck, da die Landung genau auf der Mitte des Kissens erfolgen sollte (Neumaier & Mechling, 1994).

4.2.8 Standwaage

Es wird ein hüftbreiter Stand eingenommen. Die Knie sind leicht gebeugt. Der Rumpf ist stabilisiert. Ein Bein wird angehoben. Dieses Bein bewegt sich nun gestreckt nach hinten oben, dabei wird der Oberkörper mit geradem Rücken nach vorne gebeugt. Das Bein und der Oberkörper sollten nun eine Linie bilden. Die Arme werden horizontal ausgestreckt. Der Kopf befindet sich in Verlängerung der Wirbelsäule. Die Übung fordert die Gleichgewichtsfähigkeit (Kunert, 2014, S.20).

4.2.9 Standwaage mit Kniebeuge

Es wird eine Standwaage, wie in der vorherigen Übung beschrieben, eingenommen. Aus dieser Position wird nun das Standbein gebeugt, in der Beugung kurz gehalten und an-schließend wieder gestreckt. Die Kniebeuge soll so tief wie möglich ausgeführt werden. Durch den einbeinigen Stand wird wieder die Gleichgewichtsfähigkeit gefordert. Außerdem wird durch die Integration der Kniebeuge ein Anspruch an die Umstellungs- und Anpassungsfähigkeit gestellt (Kunert, 2014, S.20). Durch die integrierte Kniebeuge steht der Trainierende unter einem Belastungsdruck, sowie unter einem Organisationsdruck (Neumaier & Mechling, 1994).

4.2.10 Einbeinkniebeuge

Es wird ein hüftbreiter Stand eingenommen. Knie sind leicht gebeugt. Der Oberkörper ist aufrecht und Kopf in Verlängerung der Wirbelsäule. Nun wird ein Bein mit gestreckten Knien angehoben und nach vorne ausgestreckt. Das Knie des Standbeines wird gebeugt, unten kurz gehalten und wieder gestreckt. Die Kniebeuge soll dabei so tief wie möglich erfolgen. Die Anforderungen stellen dieselben wie bei der vorherigen Übung dar.

4.3 Allgemeine Begründung

„Aus neuromuskulären Sicht bezeichnet Koordination das Zusammenspiel von Zentralnervensystem und Skelettmuskulatur innerhalb eines gezielten Bewegungsablaufes" (Hollmann & Hettinger, 2000). Die Grundlage einer guten koordinativen Leistungsfähigkeit wird schon in der Kindheit gelegt. Sie bildet sich bis zu einem Alter von 17-22 Jahren voll aus. Ab dem 30 Lebensalter nimmt die Gleichgewichtsregulation, vor allem bei einem bewegungsarmen Lebensstil, ab (Kunert, 2014, S.10). Da die Probandin 33 Jahre alt ist, sich zwar schon regelmäßig bewegt, den größten Teil des Tages aber im Sitzen verbringt, wird zur Erhaltung der koordinativen Fähigkeit ein Koordinationstraining im Sinne eines Gleichgewichtstrainings geplant.

Durch dieses Koordinationstrainings soll zudem auch folgende Ziele erreicht werden: Das Koordinationstraining soll Verletzungen bei koordinativ anspruchsvolle Bewegungen, wie sie unter anderem beim Tae Bo vorkommen, vorbeugen (Kunert, 2014, S.21). Außerdem dient ein Koordinationstraining der Gelenkstabilisierung, da es zu Anpassungserscheinungen der gelenkumgebenden Strukturen, wie Muskeln, Sehnen, Bänder, führt. Diese hypertrophieren bei langfristigen und regelmäßigem Koordinationstraining, wodurch die Gelenke mehr stabilisiert werden (Kunert, 2014, S.22). Auch das muskuläre Zusammenspiel und die Körperwahrnehmung werden verbessert, wodurch die Bewegungsabläufe ökonomisiert werden (Kunert, 2014, S.22f.). Da die Probandin bereits viel Sport treibt, profitiert sie davon, denn ökonomisierte Bewegungsabläufe bedeuten weniger Energieverbrauch bei gleicher Belastung. Außerdem wird durch ein Koordinationstraining nachweislich die kognitive Leistungsfähigkeit, sprich die Leistungsfähigkeit des Gehirns, gesteigert. All diese aufgezählten Faktoren führen langfristig zu einer Leistungssteigerung (Kunert, 2014, S. 22f.). Zwar betreibt die Probandin kein Leistungssport, doch wirkt eine Leistungssteigerung motivierend. Außerdem werden die anderen motorischen Fähigkeiten, Kraft, Ausdauer, Beweglichkeit und Schnelligkeit, von der Fähigkeit Koordination beeinflusst.

Die Übungsauswahl wurde so gewählt, dass die Probandin weder unternoch überfordert wird. Zwar betrieb die Probandin bisher kein isoliertes Koordinationstraining in dem Sinne, doch waren in ihrem bisherigen Trainingsplan viele Kraftübungen mit freien Gewichten integriert, welche auch koordinativ anspruchsvoll sind. Außerdem nimmt sie regelmäßig an Tae Bo und Step Aerobic Kursen teil, welche koordinativ anspruchsvoll sind. Somit ist sie keine Trainingsanfängerin, weshalb auch anspruchsvollere Übungen geplant werden können. Außerdem weist sie keine Beschwerden auf, welche ein anspruchsvolles Koordinationstraining ausschließen würden. Es wurden zudem Übungen geplant, die auch daheim durchführbar sind. Außerdem wurde berücksichtigt, dass die sieben speziellen koordinativen Fähigkeiten zum größten Teil im Plan berücksichtigt werden. Der Schwerpunkt wurde dabei auf die Gleichgewichtsfähigkeit gelegt. Die sieben speziellen koordinative Fähigkeiten sind folgende: Die Orientierungsfähigkeit, ist die Fähigkeit, sich im Raum zielorientiert zu bewegen. Die Kopplungsfähigkeit, ist die Fähigkeit Teilbewegungen oder Einzelbewegungen zu einer flüssigen Gesamtbewegung zusammenzufügen. Einen sicheren, ökonomischen und genauen Bewegungsablauf durchführen zu können und dabei den passenden Krafteinsatz zu wählen, stellt die Differenzierungsfähigkeit dar. Die Gleichgewichtsfähigkeit ist die Fähigkeit, bei variieren-den Umweltbedingungen und dynamischen Bewegungskomponenten das Gleichgewicht zu halten, beziehungsweiße es wieder herzustellen. Um einen Bewegungsablauf zeitlich- dynamisch zu glieder, zu erfassen, zu speichern und dazustellen ist die Rythmitisierungsfähigkeit notwendig. Für die Einstellung und die Anpassung auf eine veränderte Situation, ist die Umstellungsfähigkeit verantwortlich. Die letze Fähigkeit stellt die Reaktionsfähigkeit dar, wodurch schnellstmöglich auf Signale oder Reize reagiert werden kann (Kunert, 2010, S.20). Neben den sieben speziellen koordinativen Fähigkeiten wer-den noch sechs motorische Druckbedingungen unterschieden (Neumaier & Mechling, 1994). Es wurde versucht, die Übungen zu gestalten, dass die Trainierende Person zusätzlich noch unter Druckbedingen gesetzt wird. Aufgaben die eine Zeitminimierung bzw. eine Geschwindigkeitsmaximierung erfordern, stehen unter Zeitdruck. Der Präzisionsdruck entsteht durch Aufgaben, die eine höchstmögliche Genauigkeit erfordern. Müssen viele hintereinander geschaltete Anforderungen bewältigt werden, handelt es sich um den Komplexitätsdruck. Der Organisationsdruck entsteht, wenn mehrere Anforderungen gleichzeitig erfüllt werden müssen. Komme es bei der Bewältigung einer Aufgabenstellung zu physisch- konditionelle Belastungen, wirkt hier der Belastungs-druck. Muss bei einer Aufgabenstellung vor allem wechselnde Umgebungs- und Situationsbedingungen bewältigt werden, handelt es sich um den Variabilitätsdruck (Neumaier & Mechling, 1994).

Die Übungsreihenfolge wurde so gestaltet, dass mit einfachen Übungen angefangen wird und diese zunehmen komplexer und anspruchsvoller wurden. Damit wurde das methodische Prinzip vom leichten zum schweren bzw. vom einfachen zum komplexen berücksichtigt (Kunert, 2014, S.30). Eine weiteres Prinzip lautet: „Vom statischen zum dynamischen". Dieses wurde bei der Übung Standwaage berücksichtigt sowie beim Einbeinstand. Beim Unterarmstütz wurde das Prinzip „von stabiler zu instabiler Unter-stützungsfläche" berücksichtigt. Der Einbeinstand wird außerdem zuerst mit offenen, dann mit geschlossenen Augen durchgeführt. Somit findet auch das Prinzip „von Übungen mit offenen Augen zu Übungen mit geschlossenen Augen" Anwendung (Chwillkowaki, 2006). Ein Trainingsziel der Probandin war der Ausgleich zum Beruf. Bewegung im allgemeinem führt zu einer Ausgleichsfunktion. Ein weiteres Ziel ist die Unterstützung des bisherigen Trainings. Durch oben genannte Ziele eines Koordinationstrainings, wird die bisherige sportliche Betätigung durch das geplante Koordinationstraining unterstütz. Die Ursache von Rückenschmerzen kann auch noch viel weiter unten liegen; am Fuß. Fußfehlhaltungen können Fehlhaltungen an allen andern Gelenken bewirken. Daher soll bei allen oben genannten Übungen ein Augenmerk auf den „kurzen Fuß nach Janda", welcher für die Statik und die Stabilität von besonderer Bedeutung sind, gelegt werden. Die Übungen sollen dabei barfuß durchgeführt werden. Die Fersen, der Klein- und Großzehenballen sowie die Zehen haben Bodenkontakt. Die Zehen sind dabei leicht gespreizt und das Fußgewölbe wird leicht nach oben gezogen. Dabei dürfen die Zehen aber nicht krallen. Dadurch verkürzt sich der Abstand zwischen Vorfuß und Ferse. Es kommt zum sogenannten kurzen Fuß nach Janda. Dieser ist Voraussetzung für die Stimulation der Fußrezeptoren, wodurch die Streckmuskulatur aktiviert wird.

5 Literaturrecherche

In Aufgabe FÜNF - Literaturrecherche - galt es zwei Studien zu einem ausgewählten Thema zu recherchieren, analysieren und zu beurteilen. Als Thema diente hier: Effekte des Dehnens auf die Bewegungsreichweite bzw. auf die Dehnungsspannung.

5.1 Studie 1: Artikel der Physical Therapy

Bei der Studie *„The effect of duration of stretching of the Hamstring muscle group for increasing Range of Motion in people aged 65 years or older"* (Feland, Myrer, Schulthies, Fellingham, & Measom, 2001) die 2001 in der Physical Therapy erschien, dokumentierten die Autoren Ergebnisse über die effektivste Dehnmethode des hinteren Oberschenkelmuskels bei Personen im Alter ab 65 Jahren.

5.1.1 Versuchsaufbau

Es handelt sich um zweiundsechzig Versuchspersonen im Durchschnitts-
alter von 84,7 Jahren und verkürzter ischiocruraler Muskulatur. Diese
Probanden stammten aus einem Seniorenheim und nahmen an keinen all-
täglichen Aktivitäten teil. Man teilte die Testpersonen in vier Gruppen
auf und befragte diese nach ihrer körperlichen Betätigung. Gruppe 1
diente lediglich als Kontrollgruppe. Die anderen drei Gruppen absolvierten ein sechswöchiges Dehnprogramm, fünfmal die Woche für 15, 30 und
60 Sekunden. Ein Bewegungstest wurde einmal in der Woche hinzugezo-
gen.

5.1.2 Ergebnisse und Schlussfolgerung

Die Resultate der Studie zeigten, dass ein Dehnprogramm mit 60 Sekunden die höchste Effektivität besaß. Hierbei wurden wöchentliche Ergebnisse von 2,4 Grad Unterschied zur vorherigen Bewegungsamplitude erzielt im Gegensatz zur ersten Gruppe mit 15 Sekunden und einer Steige-
rung von gerademal 0,6 Grad pro Woche.

Daraus lässt sich schließen, dass längeres Halten beim Dehnen für ischiocrurale Muskulatur größere Fortschritte bei älteren Menschen bewirkt.

5.2 Studie 2: Artikel der JOSPT

Folgende Studie „*The Effects of two stretching procedures on hip
Range of Motion and Gait Economy*" (Longdon, MacRae, Godges,
Tinberg, & MacRae, 1989) erschien 1989 im Journal of Orthopedic &
Sport Physical Therapy. Die Autoren befassten sich mit zwei Dehnme-
thoden und deren Auswirkung auf die Hüftbeweglichkeit und der Gang-
art.

5.2.1 Versuchsaufbau

Während der Studie wurden sieben männliche College Studenten im Alter
von 20 Jahren, ohne jegliche beeinträchtigenden orthopädischen Dys-

funktionen getestet. Vorab hatten die Probanden sich einer Testung der Kniebeugemuskulatur und einer Testung der Hüftbeugemuskulatur zu unterziehen. Bei ersterer Testung durfte die Hüftflexion nicht unterhalb des 90° Winkels liegen und bei letzterem wurden Probanden ausgeschlossen die einen verkürzten Hüftbeuger hatten.

Die Probanden wurden zunächst in zwei Gruppen aufgeteilt, wovon eine Gruppe zunächst mit dem statischen Dehnen begann und die weitere Gruppe mit der STM/PNF[1] Methode. Die Tests wurden auf ein dreitägiges Programm verteilt.

Bei der Messung der maximalen Sauerstoffaufnahme absolvierten die Probanden einen Laufbandtest. Hierbei wurde die Geschwindigkeit gesteigert bis zur körperlichen Erschöpfung. Die Kriterien, um die maximale Sauerstoffaufnahme zu berechnen, waren zum einen eine Belastungssteigerung zu erlangen ohne den Sauerstoffverbrauch weiterhin zu steigern und zum anderen, dass der Respiratorische Quotient bei 1,1 oder höher lag. Auch die maximale Bewegungsamplitude der Hüftbeuge- und Hüftstreckmuskulatur wurde anhand eines dafür vorgesehenen Gerätes und weiteren Übungen geprüft. Des Weiteren fand ein zehnminütiges statisches Dehnprogramm für den Hüftbeuger und -strecker statt. Als letztes durchliefen die Probanden die STM/PNF Prozedur.

5.2.2 Ergebnisse und Schlussfolgerung

Für beide Dehnmethoden gab es signifikante Verbesserungen in der Hüftbeweglichkeit. Während das statische Dehnverfahren Verbesserungen von 24° in der Hüftbeugung und 4° in der Hüftstreckung aufwiesen, erreichte das STM/PNF Verfahren Resultate von 12° in der Hüftbeugung und 9° in der Hüftstreckung.

Bezogen auf die Laufökonomie sank der maximale Sauerstoffverbrauch um 4-7% in allen drei Auslastungsmodulen (40, 60 und 80% VO^2max) bei der Gruppe des statischen Dehnverfahrens. Wobei die STM/PNF Gruppe lediglich im mittleren Bereich Resultate von 4% erlangten.

---

[1] STM/PNF = Weichteilmobilisation / Propriorezeptive Neuromuskuläre Faszilitation

Daraus ließ sich schlussfolgern das die sinnvollste Dehnmethode das statische Dehnverfahren darstellt. Wobei sich für Patienten mit orthopädischen Dysfunktionen die STM/PNF Methode als geeigneter erwies.

6 Literaturverzeichnis

Apothekenumschau. (05. Juni 2009). Nackenschmerzen - steifer Hals. Von http://www.apotheken-umschau.de/gelenke/nackenschmerzen-steifer-hals abgerufen

Eifler, C. (2014). *Trainingslehre III - Gesundheitsorientiertes Beweglichkeits- und Koordinationstraining.* Deutsche Hochschule für Prävention und Gesundheitsmanagement, Trainingslehre III. Saarbrücken: Deutsche Hochschule für Prävention und Gesundheitsmanagement.

Feland, B. J., Myrer, W. J., Schulthies, S. S., Fellingham, G. W., & Measom, G. W. (2001). The Effect of Duration of Stretching of the Hamstring Muscle Group for Increasing Range of Motion in People Aged 65 Years or Older. (P. Therapy, Hrsg.) *Physical Therapy*(81). Abgerufen am 2015 von http://ptjournal.apta.org/content/81/5/1110

Gallagher et al. (Vol. 72, Sept. 2000). American Journal of Clinical Nutrition.

Glück, S. (2005). *Beeinflussung der Beweglichkeit durch unterschiedlich physische und psychische Einwirkungen.* Dissertation, Philosophische Fakultät der Universität des Saarlandes, Saarbrücken. Von http://scidok.sulb.uni-saarland.de/volltexte/2005/484/pdf/Druckversion_Dissertation.pdf abgerufen

Janda, V. (2000). *Manuelle Muskelfunktionsdiagnostik* (Bd. 4). München: Urban und Fischer.

Kunert, C. (2014). *Koordination und Gleichgewicht. 92 bewährte Übungen für eine bessere Körperbeherrschung.* (2. Auflage Ausg.). Wiebelsheim-Limpert.

Longdon, C., MacRae, H., Godges, J. J., Tinberg, C., & MacRae, P. (März 1989). The Effetcs of two Stretching Procedures on Hip Range of Motion and Gait Economy. (JOSPT, Hrsg.) *Journal of Orthopaedic & Sports Physical Therapy,* *10*(9), S. 350 - 357. Von http://www.jospt.org/doi/abs/10.2519/jospt.1989.10.9.350#.VYFAbrPwAy4 abgerufen

Marschall, F. (1999). Wie beeinflussen unterschiedliche Dehnintensitäten kurzfristig die Veränderung der Bewegungsreichweite. *Deutsche Zeitschrift für Sportmedizin*(50), S. 5 - 9.

Rühl, J., & Laubach, V. (2011). *Funktionelles Zirkeltraining. Das moderne Sensomotoriktraining für alle.* Aachen: Meyer&Meyer.

Schönthaler, S. R., & Ohlendorf, K. (2002). *Biomechanische und neurophysiologische Veränderungen nach ein- und mehrfach seriellem passiv-statischem Beweglichkeitstraining.* Bundesinstitut für Sportwissenschaft. Köln: Sport und Buch Strauß.

Sommer, K. (08. April 2015). Kopfschmerzen durch Verspannung im Nacken. Von http://www.special-rueckenschmerz.de/der-ruecken/spannungskopfschmerzen-nacken-verspannt-id63642.html abgerufen

Thienes, G. (12 November 2008). *Trainingswissenschaft und Sportunterricht* (1 Ausg.). Pro Business.

Wiemann, K., Klee, A., & Startmann, M. (1998). *Filamentäre Quellen der Muskel-Ruhespannung und die Behandlung muskulärer Dysbalancen.* (4 Ausg., Bd. 49). Deutsche Zeitschrift für Sportmedizin.

World Health Organisation (WHO). (1999). *International Society of Hypertension Guidelines for the management of hypertension.* Journal Hypertens.

7 Abbildungs- und Tabellenverzeichnis

7.1 Abbildungsverzeichnis

7.2 Tabellenverzeichnis

Tabelle 1: Personendaten 4
Tabelle 2: Biometrische Daten.. 5
Tabelle 3: allgemeine gesundheitliche Daten 5
Tabelle 4: 1.Testübung: Beweglichkeit der Brustmuskulatur (M. pectoralis major) .. 7
Tabelle 5: 2. Testübung: Beweglichkeit der Hüftbeugemuskulatur (M. iliopsoas)..... 8
Tabelle 6: 3. Testübung: Beweglichkeit der Kniestreckmuskulatur (M. rectus femoris) 10
Tabelle 7: 4. Testübung: Beweglichkeit der Kniebeugemuskulatur (Mm. ischiocrurales) 10
Tabelle 8: 5. Testübung: Beweglichkeit der Wadenmuskulatur (Mm. triceps surae).11
Tabelle 9: Belastungsgefüge Dehnprogramm 12
Tabelle 10: Dehnübung Halsmuskulatur 13